© Cap de l'Étang Éditions™, 13 rue du Château, Capestang (34310), France
Bruno SALGUES/SIRET : 753 039 981 00026
Numéro éditeur : 978-2-37613
BNF : 17841
Gencod : 3019008245105
Site web : http://www.capdeletang.com

ISBN : 978-2-37613-139-7
EAN : 9782376131397

Code Thema : DCF
Code CLIL : 3633 Poésie
3638 Poésie Contemporaine

Texte et illustration : Flora de Negroni
Édition : Monique-Marie Ihry et Bruno Salgues
Réalisation de la couverture : Bruno Salgues
Illustration de la couverture : Flora de Negroni, Hommage à Pierre-Yves Russo, juin 2021, photographie de G. Valtolina

Dépôt légal : juin 2023
Deuxième édition : novembre 2023

Nulle éclipse

Abécédaire

Techniques picturales

Flora de Negroni a commencé assez jeune à peindre à l'huile sur toile, puis il y a quelques années, elle s'est penchée sur la technique du pastel, médium qu'elle aime particulièrement pour sa matière dense et la vivacité de ses couleurs. On retrouve dans ce livre, principalement, des pastels sur papier et une technique qu'elle a apprivoisé, il y a peu de temps, l'aquarelle sur papier, ainsi que quelques huiles sur papier entoilé, plus anciennes.

Flora de Negroni

Nulle éclipse

Abécédaire

Collection Plume d'ivoire n° 36

À mon père

« Ma liberté et mon universalité ne sauraient admettre d'éclipse. »

Merleau-Ponty

« J'habite en simple abri, quand au dehors,
Le Temps puissant avec toute sa houle,
L'Instable au loin murmure, et le Soleil
Plus tranquille mon œuvre favorise. »

Hölderlin

A

Sans titre, Octobre 2021

Amour

L'amour est premier. Il irrigue tout. À la lueur de la lampe, je sais silencieuse, qu'il est là, s'attardant éternellement à être en moi. Il y a pourtant non loin le visiteur dénué d'amour. Il est au fond bien malheureux. Je le plains. L'amour est premier, de là par la fenêtre, à la lumière du soleil, mon âme heureuse au souffle du vent et l'amour irriguant tout, immense, qui parle toutes les langues, tous les langages, bien plus savamment que quiconque. C'est le sourire perpétuel. À la marée descendante, le cœur étreint du monde, la grève grise chatoyante sous la clarté dorée. Le sourire le plus grand du monde.

B

Sans titre, Décembre 2022

Barbara

Présence silencieuse qui écoute.
Ses doigts agiles tricotants la laine.
Dans ses yeux bleus perçants notre complicité d'orphelines et nos rires.
Un jour, nos jeux d'enfants, à dessiner dans la neige.

Sans titre, Janvier 2021

Barouk

Bébé, enfant, bambin, que tu jouais, de la lumière dorée qui t'environnait, au souffle du vent dans ta toison belle, et ta tête près de moi, la tendresse pour nous toujours, nous étions enfants joueurs, toujours attardés dans la pénombre, à fomenter quelques complicités, silencieux et bavards.

C

Sans titre, Mai 2022

Calme

Depuis le calme on contemple mieux. Les horizons clairs et la nuit douce.

Clouscard

Longtemps je fus l'écoute de son écoute.

Plus tard il me reconnut.

La bête sauvage , Janvier 2023

Crime

Minuit l'heure du crime. J'avais décidé à minuit de dessiner une prune jaune ocre. Mon crime était le suivant, ne pas l'engloutir sans ambages, tel que n'importe quel animal le fait (mais minutieux à retirer le noyau). Je posais la prune sur ma table, je l'observais longuement, sa peau, les petites parties plus sombres, le creux à un endroit, là où son pétiole ressortait. Je dessinais grossièrement la forme, les ombres, je m'imprégnais de sa couleur. Puis je décidai de couper en quartiers la prune, le noyau compliquant la tâche. Avec une certaine envie d'en manger un morceau. Je dessinais les quartiers, tâchant de rendre le jus s'échappant, la couleur jaune de la pulpe. Mon dessin abouti, je niais finalement le fruit en me l'assimilant. Le crime était réparé. Quel délice !

Sans titre, Août 2022

D

Hommage à Alain Lamy, Juillet 2019

Désir

Oh désir toujours renouvelé, soif de comprendre, soif de connaître : « *Tous les hommes par nature désirent savoir.* » (Aristote). À la curiosité jamais assouvie, je farfouille dans les livres et si joyeuse lorsque je comprends de nouvelles choses, la fête alors dans ma petite maison, la joie et le vent au dehors qui souffle mêlé au soleil éclatant.

E

Sans titre, Avril 2022

Enfance

Elle regardait la mer.
Nous regardions la mer.
Elle inventait toujours des jeux, magiques.
Ses baguettes de fée, à l'étoile brillante, étaient des vraies, j'en étais sûre.

Sans titre, Septembre 2021

Espace

Le pur sentiment de l'espace détaché de toute succession. « *Le pur sentiment de l'existence détaché de toute autre affection.* » (Rousseau)

Évidence

À l'évidence la clarté du soleil en moi, à l'évidence la chair de l'arbre dans le jardin en moi, à l'évidence la chair de la pomme en moi, son jus glissant sucré et doux, à l'évidence la clarté de la nuit éclairée du soleil en moi, à l'évidence la philosophie en moi comme source claire, à l'évidence le dessin sur le papier à la nuit calme. Évidemment, j'aime.

Le cerisier japonais, Janvier 2022

F

Sans titre, Novembre 2021

Flora

Flora, c'est moi, est-ce narcissique de le dire ? Est-ce narcissique de dire que je travaille, à connaître ? Flora, c'est moi, qui n'ai jamais dit mon nom bien haut, car ma mère alcoolique bavassait, incompréhensible, en haut de ses piles de livres, enroulée dans ses plus belles robes en disant le plus fort : MOI.

G

Sans titre, Décembre 2018

G.

Comme des rencontres de clartés, dans un bleu immense, une lumière infinie à nos embrassements évanescents, longue trace imperturbable de nos voix dans la chaleur du jour, je ne peux oublier, jamais je n'oublie, ton nom à l'azur.

Géant

Au lendemain de l'aube,
Le géant de la mer,
Dressé, impassible,
Dans la lumière jaillissante,
Il fait jour soudain.

Sans titre, Avril 2022

Godard

« Cet oiseau fabuleux dont on parle dans les légendes indiennes et qui paraît-il vient au monde sans pattes de sorte qu'il ne se pose jamais. Il dort dans les grands vents plus haut que l'œil peut voir et on ne le voit vraiment jamais sauf quand il meurt. Il a les ailes transparentes plus longues que celles d'un aigle et quand elles sont refermées l'oiseau tiendrait dans le creux d'une main. »

Bande à part.

Jean-Luc Godard a éteint la lumière en partant, on est dans le noir, comme dans une salle obscure.

Sans titre, Novembre 2022

Guerre

Insister contre l'anéantissement.
La résistance est heureuse.
Peindre dans la nuit.
L'évidente clarté au-dedans,
Qui inonde.

Sans titre, Janvier 2022

H

Hegel

J'ai fait un grand tour dans le monde, au soleil éblouissant des pyramides, sur le dos des éléphants, au milieu des eaux douces des mers du Sud et les forêts d'oliviers et d'eucalyptus, et les champs de lavande, puis silencieusement je suis revenue à moi, dans ma maison venteuse, les volets claquent imperceptiblement et le monde brille dans sa beauté sous le soleil d'or.

L'heure dorée, Août 2022

I

Sans titre, Avril 2022

Idée

À l'intuition soudaine, telle une clarté, si véloce, pourtant endormie, la lumière, l'idée, fulgurante, dressée entre moi et le rêve, je pense, joie, quand d'autres soupirent de penser, ou bien soupirent mais heureux de ne pas penser, et pourtant, l'idée, lumineuse, la plus grande joie, soudain quelque chose de neuf, qui éclaire les choses différemment.

Infinité

L'immortelle d'Italie, le point d'infinité.

Sans titre, Mai 2022

J

Hommage à Giorgione, Avril 2022

Jankelevitch

Être au plus proche de l'être aimé. Longtemps l'autre fut plus proche que moi-même, accrochée à son moindre souffle, et mon écriture toujours lancée rapidement, comme si le temps pouvait manquer et que l'autre appellerait.

Et puis j'appris, oui à l'immédiateté, mais une immédiateté qui laisse la place à un petit intervalle, une presque simultanéité, une presque coïncidence, mais un petit espace dans l'immédiateté, une petite place qu'on garde pour soi, par-devers soi.

« *On possède tout ce qu'on n'a pas perdu, on n'a pas perdu le temps, donc on a tout le temps.* » (Clément Rosset)

Sans titre, Juillet 2022

Jardin

Le jardin suspendu, charmille aux foisonnements verts, je m'y engouffre, aussi foisonnante, cachée dans ses lianes mélangées, je deviens feuilles, arbres, tiges, fétuques, profuse nature enfouie dans sa splendeur Inconnue.

Joie

« *La joie est le passage de l'homme d'une moindre à une plus grande perfection.* » (Spinoza).

Faire ce que l'on aime, ce qui nous rend joyeux, notre espace alors est plus grand, aux rivières plus si lointaines où les rizières fleurissent. Et nous nourrir d'eau salée et de soleil doré.

Diptyque aux fleurs, Juillet 2021

K

Hommage à Camille Corot, Novembre 2022

Kafka

À l'orée de mon terrier, je suis emplie de joie, ma maison est là, protectrice des coups du sort. Celui qui ne dit que des mots affreux, n'y a pas accès. À l'abri, je peins, je peins ma colère, mais aussi les paysages de lumière, au loin, inaccessibles aux aveugles.

L

Légèreté

Intangible, invisible, pas là où je suis, une légèreté dansante, traversant des espaces larges. Face à la lourdeur, j'échappe, envahie de souffles du vent. Et les pierres accrochées au sol observent le ballet incessant de mes voyages.

Le danseur, Mai 2022

Lou Andreas-Salomé, Juillet 2022

Liberté

« *Être libre, c'est libére*r. » (Bernard Bourgeois).

On n'est pas libre tout seul.
Se dressent mes amis aux visages de liberté. Égaux et batailleurs, nous sourions.

Sans titre, Février 2019

Lumière

La lumière, informe, sublime, et le beau des contours
endormi dans les temples,
Vermeer clame dans sa lumière.
La forme contraignante s'épand dans les eaux rayonnantes.

Lupin

On pointait notre truffe au bord du jardin et on restait ainsi humant l'air. Les plus heureux du monde.

Hommage à Ferdinand Keller, Avril 2023

M

Sans titre, Septembre 2022

Monde

C'est parce qu'on se connaît soi qu'on désire le monde, comme l'absent qu'on cherche.

Mouvement

Les mouvements de l'âme me font traverser de si beaux paysages à une vitesse immense, et mes pieds lents tracent quelques lignes sur le sol, si lentement que mon esprit s'ennuie, il voudrait que ses pieds volent aussi vite qu'un éclair, mon esprit voudrait voler aussi léger et inconscient de son corps docile, mon esprit vole pourtant chaque jour, mais mon corps lent reste collé au sol en des contrées proches.

Sans titre, Avril 2022

Sans titre, Septembre 2022

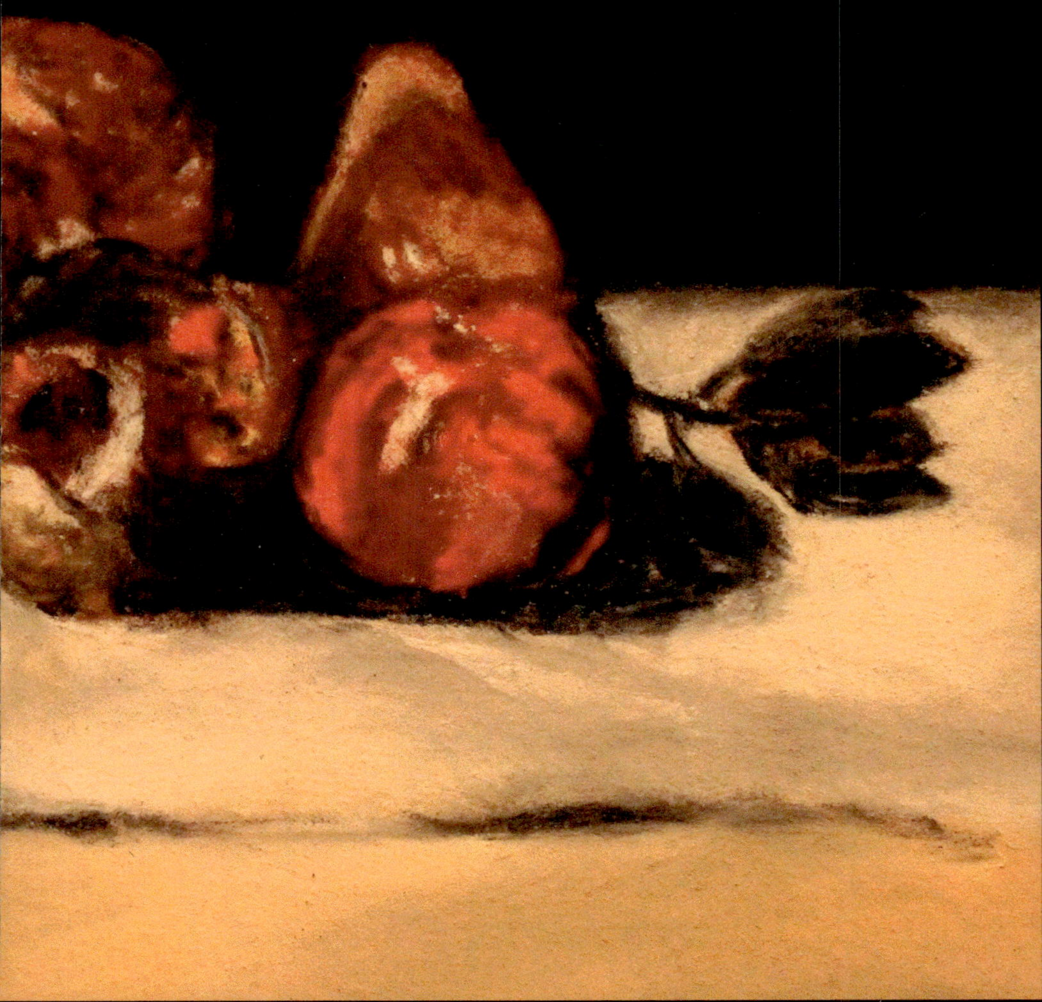

Mutsuko

Flora : – On prend souvent des arbres morts pour des profondeurs.

N

Naissance

Un jour je suis née à la pensée. Nous étions trois. L'un je l'aimais. L'autre je l'entendais.
Son langage aux fulgurances philosophiques.
Parce que j'aimais, j'ai compris alors comme source claire.

Sans titre, Avril 2022

Hommage à Pierre-Yves Russo, Avril 2021

Nourriture

Le pain oui il en faut pour chacun. Mais si l'esprit n'est pas assez nourri, alors un vide s'installe en son logis, et presque éberlués, on ne voit plus la lumière d'or du soleil et : « *À la facilité avec laquelle l'esprit se satisfait, on peut mesurer l'étendue de sa perte.* » (Hegel)

O

Olivo

Ange et Maguy. J'arrivais par les chemins serrés des ruelles et leurs sourires aimants me donnaient tous les abris du monde.

Sans titre, Juin 2022

Sans titre, Décembre 2021

Orage

À l'abri l'orage est sublime. Les nuages de pluies rageuses transpercés de fulgurances éclairantes. À l'abri l'orage est sublime. Et le cœur léger de sentir le vrombissement terrible, tout laver.

Sans titre, Janvier 2021

Ours

C'est un ours gaillard, qui n'a peur de rien, il fait du vélo en filant comme l'éclair et accoudé au comptoir, il est peinard, il ne ressemble à aucun autre ours bien qu'il aime le miel, il aime aussi à partager son miel avec ses autres congénères.

C'est un ours libre qui se fiche des conventions oursinières, il aime rire et se roule souvent en rond à la lumière de la lune.

P

Papa

Mon père est immense, il surplombe le monde de son œil critique.

Les idiots peuvent aller se cacher. Il a vite fait de les démasquer.

Il a l'œil qui frise de tendresse, rempli de rires complices.

Petite, lorsque j'étais juchée sur ses épaules, j'apercevais un instant de ses hauteurs ce qu'il voyait, les hommes étaient tout petits, ridiculement petits, sans générosité. Et quand je posais mes pieds sur les siens, je faisais des pas de géant.

Îles Finocchiarola, Octobre 2020

Sans titre, Août 2022

Pierre

Pierre : – *On observe le monde une fois pendant l'enfance, le reste est souvenir.* (Louise Glück)
Flora : – *Je pense aux paysages en ruines d'Hubert Robert.*

Poésie

« Dans mon rêve la réalité n'existe pas, mais il est réel dans mon histoire. »

L'enfant avait écrit ces mots en son langage secret fulgurant, comme un espoir sourdant, au fond d'elle-même. Elle verrait autre chose que les nuits sombres.

Sans titre, Mai 2022

Hommage à Hammershøi, Décembre 2021

Poulenc

Le charivari du « Concerto pour deux pianos »
Joie.

Sans titre, Novembre 2021

Poupoule

Poupoule s'en est allé. Je revois mon père et lui, complices. Ils avaient en commun le rire. Et l'amour des animaux. Poupoule s'en est allé. Il est sûrement installé dans le Nautilus avec son père et Igloo. Et son coq tendre non loin. Peut-être aussi Lupin et Barouk parfois.

Q

Quoi

Quoi que j'aie pu faire, il ne me voyait pas.

Quoi ? que j'aie pu dire, il ne m'entendait pas.

Quoi, elle te revenait pas ma gueule ? Un mur, une fermeture, rien ne passait, aucune brèche, un silence qui ne disait rien.

Aujourd'hui, quoi que je fasse, quoi que je dise, nulle personne pour ne pas voir ni entendre. Je me vois et je m'entends.

Sans titre, Janvier 2022

R

Sans titre, Octobre 2921

Raison

À l'habitude quotidienne, la raison libérée existe dans son évidente clarté. Je baigne dans la lumière limpide des mots de la raison. Le soleil, couleur chaude, me nourrit, enchantée sous la mélopée de la raison. Je t'aime, raison dorée et claire.

Sans titre, Mars 2022

Rire

Le rire comme une clarté jaillissante, j'entends encore A. de son rire fracassant et révolutionnaire, s'insurger contre toute injustice, son rire comme une arme dressée contre l'enlisement des esprits dans la bêtise.

« *Ceux qui vivent, ce sont ceux qui luttent.* » (Victor Hugo)

S

Sœurs

Mes sœurs sont aussi bavardes que le vent, elles sont aussi agiles que le vent. Les coups de méchants sorts les ont rendues invincibles. Elles savent rire, aussi légères que le vent.

Sans titre,
Février 2023

Soleil

Oh soleil, fruit d'or du jour, je suis pleine de toi, à l'heure dorée. Le moment éternel se gonfle, je suis mêlée à ta lumière, je me roule dans tes éblouissants éclairs, je suis traversée et enroulée par toi. Je baigne dans ta clarté. Et la nuit, je suis comme une lampe.

Sans titre,
Avril 2023

T

Sans titre, Novembre 2021

Taupes

Grande taupe a le geste ample à la chaleur formidable, ses grandes mains dessinent une immensité. Grande taupe et petite taupe fomentent souvent en douce quelques espiègleries pleines de rires.

Tohu-bohu

Écoutez le tohu-bohu formidable de la pensée, vous voyez du silence, et pourtant si vous entendez, la pensée a des cris, elle crie parfois, tempêtante, elle crie : « *Regardez il fait clair*. »

Sans titre, Février 2022

Truffaut

Il y aura toujours des livres. Les livres ne seront jamais brûlés.

« *La lecture est une amitié.* » (Proust)

Sans titre, Mars 2022

U

Une

« *L'Un qui est Tout.* » (Bernard Bourgeois). Je voudrais être Une, avancer imperturbable, imperturbée, et pointer mon doigt vers l'horizon, ha mon cher Tadzio.

Sans titre, Septembre 2021

Universel

Le dialogue entre deux universels.
Un rapport d'essence à essence.
Quel étrange bonheur.

Sans titre, Juillet 2022

V

Sans titre, Juin 2022

Voir

Parfois on voit mieux à fermer les yeux.

Voûtes

Aux voûtes célestes dans lesquelles le ciel étoilé s'engouffre, comme une virgule sur l'infini, le ciel étoilé sous les voûtes de l'immensité. Et la chouette qui hulule par moments réguliers. L'infini.

Sans titre,
Novembre 2021

W

Sans titre, Septembre 2021

Wagons

Les wagons de l'enfance tressautants dans la lumière de l'été, quand au petit matin, la mer immense et bleue remplie de rayons, m'inondait de la plus grande des joies et l'odeur des pins dans la brise.

X

Xénophile

Mot oublié.
Pourtant l'étranger est un être humain comme moi.

Sans titre, Février 2022

Y

Yo-Yo

Appliquée, je déroulais la ficelle et je la remontais, ignorante des bruits du monde.

Sans titre, Avril 2021

Z

La montagne bleue, Août 2020

Zarathoustra

Mes animaux, me manque leur pelage doux, en haut de la montagne, à regarder le monde intempestif.

INDEX

Andreas-Salomé Lou

Psychanalyste et autrice germano-russe, née le 12 février 1861 à Saint-Pétersbourg et morte le 5 février 1937 à Göttingen.
Elle fut très proche de Friedrich Nietzsche, Rainer Maria Rilke et Sigmund Freud.

Aristote

Philosophe grec, disciple de Platon et qui s'en démarque pour autant, né en 384 avant J.C. à Stagire et mort en 322 avant J.C. à Euboea Island. Entre autre œuvres : *Éthique à Nicomaque*.
Cité page 29, extrait de *Métaphysique, Livre Alpha.*

Bourgeois Bernard

Philosophe français, né le 2 septembre 1929 à Varennes-Saint-Sauveur (Saône-et-Loire).
Spécialiste de la philosophie allemande, entre autres Hegel.
Cité page 69, extrait de *Le vocabulaire de Hegel, la Liberté.*
Cité page 116, extrait de *Le vocabulaire de Hegel, l'Absolu.*

Clouscard Michel

Sociologue et philosophe marxiste français. Il est né le 6

août 1928 à Montpinier et mort le 21 février 2009 à Gaillac.
Critique de Mai 68 et créateur de l'expression « libéral-libertaire ».
Cité comme titre d'un dessin page 23, qui fait référence à son livre, intitulé : *La bête sauvage : métamorphose de la société capitaliste et stratégie révolutionnaire.*

Corot Camille Jean-Baptiste

Peintre et graveur français, né le 16 juillet 1796 à Paris et mort le 22 février 1875 dans la même ville.
Peintre réaliste, de l'école de Barbizon.

Finocchiarola (Îles)

Archipel inhabité de la mer Tyrrhénienne, dans le Cap Corse, commune de Rogliano.

Giorgione

Peintre vénitien, né en 1477 à Castelfranco Veneto et mort le 25 octobre 1510 à Venise.
Bien que n'ayant vécu que trente-deux ans, sa peinture marque un tournant dans la peinture vénitienne de la Renaissance, lui donnant une orientation décisive vers « la maniera moderna. »

Glück Louise

Poétesse américaine, née le 22 avril 1943 à New York.
Son œuvre « offre une poétique de l'intimité et de la réserve lyrique » comme le dit Marie Olivier, traductrice de Louise Glück.
Citée page 92, extrait de *Meadowlands*.

Godard Jean-Luc

Cinéaste franco-suisse, figure majeure de la Nouvelle Vague, né le 3 décembre 1930 à Paris et mort le 13 septembre 2022 à Rolle.
Il fut l'inventeur du « montage de rupture », ou l'appréhension d'un temps direct au cinéma.
Cité page 45, extrait du film « Bande à part », qui est tiré du livre *Pigeon vole* de Dolores Hitchens.

Hammershøi Vilhelm

Peintre intimiste danois, né à Copenhague le 15 mai 1864 et mort le 13 février 1916 dans la même ville.
Très connu pour ses scènes d'intérieur. (Voir page 94).

Hegel Georg Wilhelm Friedrich

Philosophe allemand, figure de l'idéalisme allemand, le philosophe de l'Absolu. Né le 27 août 1770 à Stuttgart et mort le 14 novembre 1831 à Berlin.
Cité page 81, extrait de la *Préface de la Phénoménologie de*

l'Esprit. (Voir page 50).

Hölderlin Friedrich

Poète et philosophe allemand, né le 20 mars 1770 à Lauffen et mort le 7 juin 1843 à Tubingue. Figure de l'idéalisme allemand.
Cité en exergue, extrait du recueil *Poèmes, Mon domaine.*

Hugo Victor

Écrivain et dessinateur français, né le 26 février 1802 à Besançon et mort le 22 mai 1885 à Paris. Il est l'auteur entre autres des *Misérables.*
Cité page 103, extrait de *Les châtiments.*

Jankelevitch Vladimir

Philosophe et musicologue français, né le 31 août 1903 à Bourges et mort le 6 juin 1985 à Paris.
Le philosophe du devenir qu'il veut surprendre « sur le fait ». (Voir page 59).

Kafka Franz

Écrivain austro-hongrois, né le 3 juillet 1883 à Prague, en Tchéquie et mort le 3 juin 1924 à Kierling, en Autriche. Auteur de *La métamorphose*, du *Procès*, entre autres livres. (Voir page 65).

Keller Ferdinand

Peintre allemand symboliste, proche d'Arnold Böcklin, né le 5 août 1842 à Karlsruhe et mort le 8 juillet 1922 à Baden-Baden.

Lamy Alain

Peintre français, né en 1955.
« L'art est le rêve de l'humanité », phrase de Romain Rolland qu'il aime à rappeler et qui définit assez bien le sens de son travail.

Merleau-Ponty Maurice

Philosophe français, né à Rochefort-sur-Mer, le 14 mars 1908 et mort le 3 mai 1961 à Paris.
Phénoménologue.
Cité en exergue, extrait de *La phénoménologie de la perception*, partie intitulée « La liberté ».

Olivo

Hameau du village de Rogliano, dans le Cap Corse.

Poulenc Francis

Compositeur et pianiste français, né le 7 juillet 1899 à Paris et mort le 30 janvier 1963 dans la même ville.
Figure de la « musique moderne ».

Proust Marcel

Écrivain français, né le 10 juillet 1871 à Paris et mort le 18 novembre 1922 dans la même ville. Auteur de *À la recherche du temps perdu.*
Cité page 113, extrait de *Sur la lecture*.

Robert Hubert

Peintre français, surnommé « le peintre des ruines », né le 22 mai 1733 à Paris et mort le 15 avril 1808 dans la même ville. (Voir page 92).

Rosset Clément

Philosophe français, né le 12 octobre 1939 à Carteret et mort le 28 mars 2018 à Paris.
Entre autres livres : *Le réel et son double*, *L'endroit du paradis*.
Cité page 59, lors d'une conférence.

Rousseau Jean-Jacques

Écrivain, philosophe, musicien et botaniste genevois, penseur politique, né le 28 juin 1712 à Genève et mort le 2 juillet 1778 à Ermenonville.
Cité page 34, extrait de *Les rêveries du promeneur solitaire*, « Cinquième promenade ».

Russo Pierre-Yves

Peintre français, né le 16 février 1967. Pierre-Yves Russo est dans la lignée des peintres de la lumière.
Deux hommages lui sont rendus dans ce livre, dont le dessin de la couverture réalisé en Juin 2021 et page 81.

Spinoza Baruch

Philosophe néerlandais, le philosophe de la joie, est né le 24 novembre 1632 à Amsterdam et mort le 21 février 1677 à La Haye.
Cité page 61, extrait de l' *Éthique*, « III, 2 ».

Truffaut François

Cinéaste français, né le 6 février 1932 à Paris et mort le 21 octobre 1984 à Neuilly-sur-Seine.
Le plus classique des cinéastes de la Nouvelle Vague.

Zarathoustra

Zarathoustra est un personnage du livre *Ainsi parlait Zarathoustra* de Friedrich Nietzsche, philosophe et poète allemand (1844-1900), sous-titré « Un livre pour tous et pour personne », poème philosophique publié en plusieurs volumes entre 1883 et 1885. (Voir page 137).
Zarathoustra, nom avestique de Zoroastre « créa cette fatale erreur qu'est la morale ; par conséquent il doit être aussi le premier à reconnaître son erreur. » (Nietzsche).

Au sujet de Flora de Negroni

Avec les Éditions Cap de l'Étang, Flora de Negroni publie son premier livre, un abécédaire illustré, qui s'intitule *Nulle éclipse*. Il est le fruit de plusieurs années de travail, tant pictural qu'au niveau de la pensée.

Flora de Negroni est née et a grandi dans un univers intellectuel privilégié. Un père sociologue et écrivain, une mère professeur de linguistique, et même un certain Jean-Edern Hallier comme parrain. Chez ses parents, à Paris, défilaient quelques têtes d'affiche des sphères culturo-mondaines, mais également leur plus féroce contempteur : le grand penseur marxiste Michel Clouscard, très proche ami de la famille.

Depuis l'enfance, elle peint et rédige des textes poétiques. Un jour, elle eut rendez-vous avec l'éditeur Claude Gallimard que sa mère avait croisé sur leur lieu de vacances afin de lui soumettre ses poèmes. La petite fille arriva tout intimidée. Après une lecture attentive, il lui dit : « dans quelques années ce sera parfait. » Elle garda cette phrase à l'intérieur d'elle-même, comme une confirmation à continuer à écrire, elle qui aimait tant cet exercice. Sentiment qui ne la quittera jamais.

A contrario, dans le village capcorsin de ses ancêtres, elle retrouvait chaque été des formes de sociabilité bien différentes, fondées sur des principes et des finalités rigoureuses, une codification des rapports humains radicalement étrangère à toute forme de snobisme, aux affrontements et aux complaisances de salon.

De ces expériences existentielles conjuguées, elle a tiré à la fois le goût du concept et celui de l'intuition esthétique, les deux s'engendrant d'ailleurs réciproquement.

Elle a commencé à peindre vers douze ans, et a eu tout de suite un grand plaisir à s'immerger dans la matière, à découvrir la concentration, comme présent qui dure. Elle gardera toujours cette trouvaille précieusement, comme un lieu de joie.

Elle a logiquement fait, par la suite, des études de philosophie, de lettres, d'italien, et enseigne le français. Ceci sans jamais cesser de peindre, un travail récompensé par sa participation à des manifestations culturelles collectives, à Paris, Londres, Berlin, New York.

Adolescente, elle a beaucoup voyagé, notamment en Afrique subsaharienne, profitant des amitiés de son père dans les sphères progressistes des élites intellectuelles locales.

La philosophie est sa grande passion, pas un jour ne passe depuis plus de vingt ans, sans qu'elle ne travaille au moins un moment un concept. La peinture et la philosophie lui procurent d'immenses joies. Et comme le disait Hegel, elle tente de rendre sensible, par le biais de la matière picturale, des idées, afin de les partager autour d'elle.

DANS LA MÊME COLLECTION

- *La main de l'ange*, Monique-Marie Ihry, Collection Plume d'ivoire n° 1, 2017
- *Telle la feuille au vent d'hiver*, Monique-Marie Ihry, Collection Plume d'ivoire n° 2, 2017
- *Un monde sans sépulture*, Poèmes et illustrations de Monique-Marie Ihry , Collection Plume d'ivoire n° 3, 2017
- *À l'encre sur ma pea*u, Poèmes et illustrations de Monique-Marie Ihry, Collection Plume d'ivoire n° 4, Préface du Pr Mohamed Salah Ben Amor, 2017
- *On ne capture pas le vent*, Monique-Marie Ihry, Collection Plume d'ivoire n° 5, Préface du Pr Mohamed Salah Ben Amor, 2018
- *Délices*, 2ème édition,
Poèmes et illustrations de Monique-Marie Ihry Collection Plume d'ivoire n° 6, Préface de Philippe Lemoine, 2018
- *À tire-d'aile, l'oiseau*, Monique-Marie Ihry, Collection Plume d'ivoire n° 7, 2018
- *AMOUR,* Anthologie poétique AMAVICA sur le thème de l'amour, Collection Plume d'ivoire n° 8, 2019
- *Autopsie d'une âme charnelle*, Jean-Pierre Minet, Collection Plume d'ivoire n° 9, 2019
- *IVRESSES*, Monique-Marie Ihry, Collection Plume d'ivoire n° 10, 2019
- FLEURS... de rimes, Yves Mur, Collection Plume d'ivoire n° 11, 2020
- *La vie, la mort*, Anthologie poétique, Collection Plume d'ivoire n° 12, 2020
- *Un printemps assassin, pandémie*, Monique-Marie Ihry, Collection Plume d'ivoire n° 13, 2020

- *Poésie confinée...* Philippe Lemoine, Collection Plume d'ivoire n° 14, 2020
- *Les rimes interdites*, Monique-Marie Ihry, Collection Plume d'ivoire n° 15, 2021
- *AUTOMNES*, Anthologie poétique AMAVICA sur le thème de l'automne, Collection Plume d'ivoire n° 16, 2021
- *Colères et vers dans la rime*, Frédéric Camoin, Collection Plume d'ivoire n° 17, 2021
- *Persistances*, Éric Brouet, Collection Plume d'ivoire n° 18, 2021
- *Le temps à ma fenêtre*, Aimée Dandois, Collection Plume d'ivoire n° 19, 2021
- *Poez'y !*, Evelyne Berruero, Collection Plume d'ivoire n° 20, 2022
- *Au jardin de bohème*, Monique-Marie Ihry, Collection Plume d'ivoire n° 21, 2022
- *Les poètes de l'ombre*, Paul Atangana Atangana, Phaël Biyi, Bruno Salgues, Collection Plume d'ivoire n° 22, 2022
- *Abécédaire amoureux des portes, Poèmes et photographies*, Zaïna Folco et Marc Deotte, Collection Plume d'ivoire n° 23, 2022
- *L'Accomplissement amoureux*, François Szabó, Collection Plume d'ivoire n° 24, 2022
- *Chemins*, Anthologie poétique AMAVICA, Collection Plume d'ivoire n° 25, 2022
- *Idylles de Sète*, Andréa Genovese, Collection Plume d'ivoire n° 26, 2022
- *Idylles de Toulouse*, Andréa Genovese, Collection Plume d'ivoire n° 27, 2022
- *Mots d'éclipse, Aphorism*e, Patrichellerie, Collection Plume d'ivoire n° 28, 2022

- *Poésie Chira*le, François Szabo, Collection Plume d'ivoire n° 29, 2022
- *Éros en rit encore !*, Régine Nobécourt-Seidel, Collection Plume d'ivoire n° 30, 2022
- *Amb de tinta sus ma pél*, Poésie de Monique-Marie Ihry traduites en occitan par Serge Viaule, Collection Plume d'ivoire n° 32, 2023
- *Le festin d'outre-nuit*, Patrick Espoto, Collection Plume d'ivoire n° 33, 2023
- *Des mots pour se souvenir*, René Mestrallet, Collection Plume d'ivoire n° 34, 2023
- *Addicts*, Hélène Rabotin, Collection Plume d'ivoire n° 35, 2023
- *Nulle éclipse*, Flora de Negroni, Collection Plume d'ivoire n° 36, 2023
- *Vodoun, Pratique, chants et poésies*, Jean-Pierre Minet et Houndémon Akotinme Minwazin, Collection Plume d'ivoire n° 37, 2023
- *Accordez-moi cette danse*, François Szabó, Collection Plume d'ivoire n° 38, 2023
- *Pour l'éternité*, Monique-Marie Ihry, Collection Plume d'ivoire n° 39, 2023

Nouvelle impression : novembre 2023
Dépôt légal : juin 2023